COUP-D'OEIL

Sur l'unité d'origine des trois Branches Mérovingiennes, Carliennes et Capetiennes.

COUP D'OEIL

Sur l'unité d'origine des trois Branches Mérovingiennes, Carliennes et Capetiennes.

E Salicâ consuetudine non recedit Gallica Natio.

Les coutumes des Peuples sont leurs lois. Elles sont l'expression et le répertoire de leurs mœurs. Quand on en peut déchiffrer les caractères, et qu'on analyse l'histoire, souvent on y trouve la preuve et la solution de faits devenus des problêmes par les ténèbres de leur antiquité.

Il existait chez les Francs nos aïeux, une noble et admirable coutume, religieusement observée, et dont la vigueur s'est perpétuée parmi nous. Ils ne prenaient leurs Rois que dans le sang Royal : la proximité de lignage, l'ordre de primogéniture les appelaient au trône. Cette orgueilleuse coutume, le *Palladium* des derniers Conquérans des Gaules, ils nous l'ont transmise avec leur sang. Couverte chez les Français du bouclier sacré de la Loi Salique, une durée de quatorze siècles n'a pu en affaiblir l'intensité ni l'exécution. Elle est restée comme la Religion qui la consacre, inébranlable au milieu des ruines du tems, des tempêtes de l'ambition et du choc des désordres. Cette fière et magnanime coutume de nos vaillans Ancêtres, qui n'est autre chose que la réalisation de la loi éternelle de la légitimité, a, lorsqu'on a osé y porter atteinte, été defendue, comme une autre Arche Sainte, par la Nation Française.

Quelle terrible et longue guerre n'alluma pas la fiction de droit d'Edouard III, Roi d'Angleterre, lorsqu'il prétendit à la couronne de France, au préjudice de Philippe de Valois? Sous les règnes de ces deux Monarques et de leurs successeurs, les deux Nations combattirent l'une contre l'autre, pendant deux cents ans, avec un acharnement inoui. Les désastres des champs de Crecy, de Potiers, Dazincourt ne rallentirent point les fureurs de la guerre. Le Peuple Français redoubla de courage et d'énergie pour soutenir le droit de la Dynastie légitime, et enfin le fracas des armes et des prétentions des Rois de la grande Bretagne, vint échouer sous la gloire de l'Oriflamme des Lys.

A l'extinction de la Branche Royale des Valois, l'ambition des maisons d'Espagne et de Guise ralluma les torches d'une guerre civile. L'usurpation masquée d'un voile religieux, projettait d'exclure du trône de Hugues Capet, Henri schismatique. Alors les oracles de l'antique coutume des Francs et de la Loi Salique se firent entendre : ils proclamèrent le droit de la Branche Royale de Bourbon. A leur voix, l'ame martiale de la Nation s'exalte, le panache blanc du grand Henri rallie la Noblesse et tous les bons Français. La victoire marche sous les bannières de l'honneur. Bientôt la faction ambitieuse abattue par les armes, l'abjuration et la clémence du Héros, tomba, sous les lauriers et à la merci du Souverain légitime.

Jamais l'esprit monarchique, l'esprit vital de la Nation Française (*in quo vivimus, movemur et sumus*), n'a étincelé d'un plus vif éclat, qu'aux époques où la témérité a voulu entreprendre sur les droits Saliques de la race patriarchale des Français.

La catastrophe sanglante de la Monarchie en portera à la Postérité la plus reculée un horrible et éclatant témoignage. Victimes et témoins d'une Révolution atroce, Bons Français !! quels prodiges de dévouement quels efforts héroïques n'avez-vous pas faits pour faire triompher votre inébranlable fidélité au trône de Saint-Louis et à la Dynasie Bourbonnienne !!! Le sacrifice de votre sang est celui que vous avez le plus prodigué, et qui vous a le moins coûté pour reconquérir ce monument vénérable de gloire et d'honneur qui vit au milieu de vous, je veux dire, cette auguste Maison de France, unique dans son illustration et dans sa majestueuse antiquité Royale.

Il est certain, et le fait est incontestable, que la coutume des Francs traduite dans la Loi Salique, vivifiée par le principe éternel de la légitimité, a reçu dans la Monarchie Française une exécution inviolable et sacrée. La Nation Française a toujours défendu avec sa bouillante valeur cette loi cordiale et fondamentale, lorsque l'ambition d'un sang étranger a voulu l'enfreindre.

Il n'est ni moins authentique et certain,

l'Histoire est univoque sur ce second fait, que la tradition du Sceptre Mérovingien chez les Carliens, du Sceptre Carlien chez les Capetiens se fit avec le vœu unanime et solennel des Ordres du Royaume. Cette révolution fut si paisible que le Sceptre Français sembla moins changer de race que de mains : elle s'opéra sans déchirement, au milieu d'un Clergé puissant, d'une Noblesse fière et formidable, chez un Peuple tout imprégné de l'esprit Salique, et qui portait une horreur innée au parjure et à la domination de toute race étrangère.

Scrutera-t-on la compatibilité d'existence de la Maison de Charlemagne et de la Maison Ducale de Gascogne ? Il en jaillit la plus vive lumière. Ce troisième fait donnerait seul la preuve de l'unité d'origine des deux Maisons ; car si cette unité n'existait pas, si elle n'était pas reconnue, la rivalité des deux Maisons en provoquait nécessairement l'incompatibilité. La postérité de Caribert aurait fait retentir les droits de son illustre naissance. Appuyée de la Loi Salique, de la coutume et des mœurs des Francs, aurait-elle, sans réclamation, abandonné aux Pépins le Sceptre de Mérovée ?

Il est évident que la Maison Carlienne n'avait de repos à attendre, d'affermissement à espérer, qu'après avoir anéanti la descendance du frère de Dagobert. La Maison Ducale devait donc disparaître sous les coups de la politique Carlienne. L'anéantissement de cette Branche Mérovingienne était donc impérieusement commandé : pour l'effectuer, les Carliens n'avaient qu'à le vouloir... Que fait dans cette circonstance la Maison impériale ?... Loin de dépouiller et d'anéantir les petits Fils de Caribert, elle confirme et maintient dans leurs appanages les Ducs de Gascogne, les Comtes d'Astarac, les Vicomtes de Bearn. Charlemagne et ses successeurs Rois, agissant en Chefs de Famille, consolident la compatibilité d'existence : *Ubi nulla invidia recognitum jus sanguinis.*

Aussi Pépin et Hugues Capet en montant sur le trône, déclarèrent-ils hautement ; le premier qu'il était du sang du grand Clovis ; le second qu'il était du sang Royal. L'Histoire qui signale ainsi leur droit patrimonial, ne mentionne point de contradiction à ces deux faits. En effet, si ces deux Princes n'étaient pas du sang Royal des Francs, comment auraient-ils pu en imposer à la Nation entière sur un fait si notoire et si important? Comment éviter les reproches du défaut d'origine, et étouffer ces reproches dans le silence absolu de l'Histoire? Aurait-il été possible à Pépin et à Hugues Capet d'écarter de la concurrence au trône, le sang de Caribert, et même ces Ducs et Comtes Français, qui auraient trouvé dans leurs alliances avec les Mérovingiens, l'illusion d'un droit pour faire valoir leur ambition. Ces deux Princes privés de la noblesse d'un sang si vénéré chez les Français, auraient-ils pu obtenir de l'orgueil et de la loyauté des hauts Barons, cet aveu fatal, qui les plaçait sous le joug humiliant de Maisons étrangères? La Nation entière aurait-elle abjuré tout-à-coup et son antique coutume et le sang de ses Rois?....

Quoi !... La race de Mérovée porte la foudre d'une révendication, elle n'en fait point usage? Aucun parti ni au-dedans ni au-dehors n'éclate pour sa défense? La légitimité de ses droits patrimoniaux ne trouve aucun appui. Le ravisseur de la Couronne Mérovingienne conserve dans le Royaume un sang rival. La rébellion des Ducs d'Aquitaine est châtiée par Pepin et par Charlemagne ; mais les enfans d'Hunold et de Gaiffre sont assurés des dignités et du rang dus à la splendeur de leur origine.

La qualification de Prince des Français, qui n'appartenait qu'aux membres de la Dynastie régnante; Saint-Arnould et sa descendance qui en étaient décorés, et ce, à l'exclusion de tous les autres Maires du Palais, l'auraient usurpée. Ce serait sous les règnes mâles et vigoureux d'un Clotaire II, d'un Dagobert I, qu'ils auraient commis impunément cet attentat à la Majesté de la Famille Royale. On sait que la piété du Duc Arnoald, fils d'Ansbert et père de Saint-Arnould l'emporta sur l'ambition de régner, et qu'il préféra un cloître au trône du Roi d'Orléans. Gontran son oncle aurait-il voulu, aurait-il osé appeler et couronner une Maison étrangère au centre des Royaumes Mérovingiens?... Oui, tout cela, sans l'unité de tige, est incroyable, est inexplicable, est absurde; l'unité de tige peut seule tout expliquer.

Si à la hauteur de ce nouveau genre de preuves, on réunit le poids des autres preuves littérales, historiques, monumentales, traditionnelles, accumulées depuis des siècles sur ce point généalogique, alors le doute et le problême se précipitent dans le néant de l'incrédulité.

En résumant ces grands et puissans témoignages qui, depuis tant de siècles parlent si affirmativement, si énergiquement.

1.° La force et l'inffluence de la coutume des Francs et de la Loi Salique : la constante sollicitude de la Nation Française à en conserver l'esprit : son opiniâtreté à en garder l'exécution.

2.° L'aveu solennel des Ordres de l'Etat et du Peuple Salique, en faveur de l'élévation de Pépin et de Hugues Capet (a) au trône de Pharamond. La tranquillité merveilleuse qui accompagna la tradition du Sceptre Français.

3.° La Compatibilité d'existence des Maisons Carlovingiennes, Capetiennes et de la Postérité d'Aribert Roi d'Aquitaine. L'étonnant silence de cette postérité, sur son droit éminent au trône, si Pépin et Hugues Capet ne sont pas du sang Mérovingien ; si même Pépin n'a pas la proximité de lignage.

De la certitude et de l'analyse de ces faits lumineux ; des circonstances qui les accompagnent ; de la connexité intime et active qui est entre eux et la coutume, les lois, les mœurs, les gestes antiques de la Nation Française, on est forcé d'avouer qu'il en résulte un corps de preuves accablantes qui démontre l'identité du sang Royal des Francs et l'unité de Dynastie dans les trois Branches de la Famille de nos Rois. Il faudrait se refuser à la force des évidences, il faudrait pouvoir nier la lumière qui éclate du fond des choses, pour nier le triomphe de cette vérité illustre.

(*) Cet aveu ou formalité de la part de la Nation Salique est d'un poids immense pour justifier que ces deux Princes ont été reconnus pour être du sang des Rois Francs ; mais cet aveu ou consentement des Ordres de l'Etat et du Peuple, est dénué de virtualité par rapport au droit patrimonial de Pépin et de Hugues Capet.

L'auteur de la vie de Saint-Arnould, Jonas Abbé de Luxeul, son contemporain, dit du Prince Ferreolus, père du Duc Ansbert, qu'il était de très-haute et illustre naissance, et de la race des Français. Le Père Jourdan Jésuite, ajoute que ce Prince avait pour Père Sigilmer, fils de Clodion Roi de France, et pour mère Archotamie, fille de Tonancius Ferreolus, Préfet du Prétoire des Gaules; raison pour laquelle le fils de *Sygilmer*, reçut le nom de son ayeul maternel.

Paul Diacre, Chancelier de Didier Roi des Lombards, auteur de l'éloge de Saint-Arnould, dit : « Qu'il était « éclairé non seulement de la sainteté de sa vie; « mais aussi de la splendeur de sa race, laquelle il « tirait de la très-noble Maison de France. »

Le Duc Arnaud ou Arnoald, dit Buggise, fils du Duc et Sénateur Ansbert, et de Batilde fille de Clotaire I.er, Roi de France, était père de Saint-Arnould, Duc et Prince des Français, Maire du Palais de France et d'Austrasie.

Le Roi Pepin-le-Bref, dit Dupleix, se glorifiait d'être descendu de la lignée d'Hector, dit Dégembart, frère puîné de Marcomir et de Dagobert ; tous trois fils de Clogion III Roi des Francs : ce fut ce Clogion qui vengea à Cambray, dans le sang des Romains, l'horrible massacre qu'ils avaient fait du Roi Théodomir son père et de la Reine Hastilde sa mère.

Il est superflu de noter que de Charles Martel et de Childebrand, fils de Pépin d'Eristel, Duc et Prince des Français, Maire du Palais, sont issues les deux Branches Carlovingienne et Capetienne.

A. P.

À Vire ; Chez ADAM, Imprimeur-Libraire, an 1816.

SECOND COUP D'OEIL

Sur l'unité d'origine des trois Branches Mérovingiennes, Carliennes et Capetiennes.

SECOND COUP D'OEIL

Sur l'unité d'origine des trois Branches Mérovingiennes, Carliennes et Capetiennes.

E Gallicâ consuetudine non recedit Gallica Natio.

Les coutumes des Peuples sont leurs lois. Elles sont l'expression et le répertoire de leurs mœurs. Quand on en peut déchiffrer les caractères, et qu'on analyse l'histoire, souvent on y trouve la preuve et la solution de faits devenus des problêmes par les ténèbres de leur antiquité.

Il existait chez les Francs nos Aïeux, une noble et admirable coutume, religieusement observée, dont la vigueur s'est perpétuée parmi nous. Ils ne prenaient leurs Rois que dans le sang Royal : la proximité de lignage, l'ordre de primogéniture les appellaient au trône. Cette orgueilleuse coutume, le *Palladium* des derniers Conquérans des Gaules, ils nous l'ont transmise avec leur sang. Couverte chez les Français du bouclier sacré de la Loi Salique, une durée de quatorze siècles n'a pu en

A 2

affaiblir l'intensité ni l'exécution. Elle est restée comme la Religion qui la consacre, inébranlable au milieu des ruines du tems, des tempêtes de l'ambition et du choc des désordres. Cette fière et magnanime coutume de nos vaillans Ancêtres, qui n'est autre chose que la réalisation de la loi éternelle de la légitimité, a, lorsqu'on a osé y porter atteinte, été défendue comme une autre Arche Sainte par la Nation Française.

Quelle terrible et longue guerre n'alluma pas la fiction de droit d'Édouard III, Roi d'Angleterre, lorsqu'il prétendit à la couronne de France, au préjudice de Philippe de Valois? Sous les règnes de ces deux Monarques et de leurs successeurs, les deux Nations combattirent l'une contre l'autre, pendant deux cents ans, avec un acharnement inouï. Les désastres des champs de Crecy, de Potiers, Dazincourt ne rallentirent point les fureurs de la guerre. Le Peuple Français redoubla de courage et d'énergie pour soutenir le droit de la Dynastie légitime; et enfin le fracas des armes et des prétentions des Rois de la Grande Bretagne, vint échouer sous la gloire de l'Oriflamme des Lys.

A l'extinction de la Branche Royale des Valois, l'ambition des Maisons d'Espagne et de Guise ralluma les torches d'une guerre civile. L'usurpation masquée d'un voile religieux, projettait d'exclure du trône de

Hugues Capet, Henri schismatique. Alors les oracles de l'antique coutume des Francs et de la Loi Salique se firent entendre ; ils proclamèrent le droit de la Branche Royale de Bourbon. A leur voix, l'ame martiale de la Nation s'exalte; le panache blanc du grand Henri rallie la Noblesse et tous les bons Français. La victoire marche sous les bannières de l'honneur ; bientôt la Faction ambitieuse, abbatue par les armes, l'abjuration et la clémence, du Héros, tomba sous les lauriers et à la merci du Souverain légitime.

Jamais l'esprit monarchique, l'esprit vital de la Nation Française (*in quo vivimus, movemur et sumus*), n'a étincelé d'un plus vif éclat, qu'aux époques où la témérité a voulu entreprendre sur les droits Saliques de la race patriarchale des Français.

La catastrophe épouvantable de la Monarchie en portera à la Postérité la plus reculée, un horrible et éclatant témoignage. Victimes et témoins d'une Révolution atroce, Bons Français!! C'est l'ame et la coutume de ces antiques Francs, qui vous ont armé de la lance et de la francisque, pour défendre la Foi, la Race et la Monarcahie des Mérovingiens. Nobles et fiers Rejetons des Francs, votre généalogie est certaine : l'honneur et la féaulté en ont signé le glorieux certificat. Quels prodiges de dévouement, quels efforts héroïques n'ont pas signalé vos pas ? La prodigalité de votre sang est de tous les sacrifices, celui qui vous a le moins coûté pour reconquérir l'objet de votre idolâtrie, je veux dire, cette auguste Maison de France, unique dans la certitude et la splendeur de sa majestueuse antiquité Royale.

Il est certain, le fait est incontestable, que la coutume des Francs traduite dans la Loi Salique, vivifiée par le principe éternel de la légitimité, a reçu dans la Monarchie Française une exécution inviolable et sacrée. La Nation Française a toujours défendu avec sa bouillante valeur cette Loi cordiale et fondamentale, lorsque l'ambition d'un sang étranger a menacé de l'enfreindre.

Il n'est ni moins authentique et certain, l'histoire est univoque sur ce second fait, que la tradition du Sceptre Mérovingien chez les Carliens, du Sceptre Carlien chez les Capetiens, se firent avec le vœu unanime et solennel des Ordres du Royaume. Ce changement fut si paisible, que le Sceptre passant dans d'autres mains, ne parut pas passer dans une autre Race. Il s'opéra sans déchirement, au milieu d'un Clergé puissant, d'une Noblesse fière et formidable, chez un Peuple tout imprégné de l'esprit Salique, qui adorait ses Rois, et qui portait une horreur innée à la domination de toute Race étrangère.

Scrutera-t-on la compatibilité d'existence de la Maison de Charlemagne et des Maisons Ducales de Gascogne et d'Aquitaine? Il en jaillit la plus vive lumière. Ce troisième fait donnerait seul la preuve décisive de l'unité d'origine des deux Maisons : car si cette unité n'existait pas, si elle n'était pas avouée et reconnue, la rivalité de ces Maisons en provoquait nécessairement l'incompatibilité. La postérité de Caribert aurait fait retentir les droits de sa superbe naissance. Appuyée de la Loi Salique, de la coutume et des mœurs des Francs, aurait-elle, sans réclamation, abandonné aux Pépins le Sceptre de Mérovée ?

L'usurpation est la fille du Machiavélisme : si Pepin n'est pas de la souche Royale des Francs, la politique exterminatrice de Jéhu contre Joram, de Cromwel contre les Stuarts, d'un Bonaparte contre les Bourbons, est la politique nécessaire de sa famille. Il est évident que la Maison Carlienne n'avait de repos à attendre, d'affermissement à espérer, qu'après avoir anéanti la descendance du frère de Dagobert. Ces Maisons Ducales devaient donc disparaître sous les coups de la politique Carlienne. L'anéantissement de cette Branche Mérovingienne était donc impérieusement commandé : Pour l'effectuer, les Carliens n'avaient qu'à le vouloir.... Que fait dans cette circonstance la Maison impériale ? Hunold, sa femme et ses enfans sont livrés à la vengeance de Charlemagne, par Loup Duc de Gascogne, chez qui ils s'étaient refugiés. Nouvel hommage à la consanguinité !.... La félonie de cette famille n'est punie qu'avec les armes de la clémence et de la courtoisie du Monarque vainqueur. La Maison impériale, loin de dépouiller et d'anéantir les petits fils de Caribert, confirme et maintient dans leurs appanages héréditaires les Ducs de Gascogne, les Comtes d'Astarac, les Vicomtes de Bearn. L'autorité des Comtes du Bigorre et d'Arragon s'affermit sans empêchement ; et bientôt elle couvre la Navarre, la Castille et l'Arragon du bouclier de la Royauté. Charlemagne et ses successeurs Rois, agissant donc en Chefs de famille, consolident la compatibilité d'existence : *Ubi nulla invidia recognitum jus sanguinis....*

Aussi Pepin et Hugues Capet en montant sur le trône, déclarèrent-ils hautement ; le premier qu'il était du sang du grand Clovis ; le second qu'il était du sang Royal. L'Histoire qui signale ainsi leur droit patrimonial, ne mentionne point de contradiction à ces deux faits. En effet, si ces deux Princes n'étaient pas du sang Royal des Francs, en ligne masculine, comment auraient-ils pu en imposer à la nation entière sur un fait si notoire, si public et si important ? Comment éviter les reproches du défaut d'origine, et étouffer ces reproches dans le silence absolu de l'Histoire ?

Aurait-il été possible à Pepin et à Hugues Capet d'écarter de la concurrence au trône, le sang de Caribert, et même ces Ducs et Comtes Français, qui auraient trouvé dans leurs alliances avec les Mérovingiens, l'illusion d'un droit pour faire valoir leur ambition. Ces deux Princes privés de la noblesse d'un sang si vénéré chez les Français, auraient-ils obtenu de l'orgueil et de la loyauté des hauts Barons, cet aveu fatal qui les plaçait sous le joug humiliant d'une Maison étrangère ? la Nation entière aurait-elle tout-à-coup abjuré son antique coutume et le sang de ses Rois ?....

Quoi !... la race de Mérovée porte la foudre d'une révendication, elle n'en fait point d'usage ? Alliée par la politique et par le sang à tous les Potentats de l'Europe, elle en est délaissée ? Aucun parti ni au-dedans ni au-dehors n'éclate pour sa défense ? La légitimité de ses droits patrimoniaux ne trouve aucun appui ? Le ravisseur de la Couronne Mérovingienne conserve dans le Royaume un sang rival, un sang idolâtré ? Pepin et Charlemagne sont forcés de châtier les parjures et les félonies des Ducs d'Aquitaine ; mais les enfans d'Hunold et de Gaiffre sont assurés des dignités et du rang dû à l'éclat de leur haute naissance.

La qualification de Prince des Français qui n'ap

partenait qu'aux membres de la Dynastie régnante, Saint-Arnould la partage avec elle. A l'exclusion de tous les autres Maires du Palais, il en est décoré lui et sa descendance. Dira-t-on que le vertueux Saint-Arnould aura usurpé cette qualification ? Ce serait sous les règnes mâles et vigoureux d'un Clotaire-le-Grand, d'un Dagobert I., qu'il aurait impunément commis cet attentat à la Majesté de la famille Royale. Non, il était Prince des Français par sa naissance !... Son père le Duc Arnoald, pour se consacrer à Dieu, avait refusé son oncle le Roi Gontran qui voulait l'adopter. Sigibert III Roi d'Austrasie adopta pour héritier, son neveu Childebert, fils de Grimoald Maire de son Palais, et petit fils de Pepin I du nom. Or le Duc Arnoald et Childebert étaient donc du sang Mérovingien; car autrement, Gontran et Sigibert auraient déchiré et anéanti la Loi Salique qui exclut les femmes du trône, pour le perpétuer dans la même race : ils auraient servi de marche-pied aux Pepins pour détrôner leur propre race. Deux adoptions si subversives de la loi fondamentale de l'Etat, entraînaient des guerres affreuses où la paix n'avait de signal que l'extermination de l'une des deux races. Comment imaginer que ces deux Rois auraient voulu, auraient osé appeler et couronner un sang étranger, et par-là attirer de si grands malheurs sur la Maison et sur les Royaumes des Mérovingiens ?

Veut-on enfin connaître le génie de la Monarchie des Francs, par rapport aux adoptions, que l'on consulte les gestes de Clovis, de Clotaire I. et ceux de Clodomir Roi d'Orléans, à l'égard des Rois Bourguignons. Oui, tout cela, sans l'unité de tige, est incroyable, est inexplicable, est absurde!! L'unité de tige peut seule tout expliquer.

Mais cette unité d'origine était si bien article de foi au Parlement de Soissons, que cette assemblée illustre en fit transmettre, par son organe, la créance au Souverain Pontife.

Burchard Evêque de Wirsbourg, chef de l'ambassade envoyée en 752, au Pape Zacharie, pour le consulter sur l'élévation de Pepin au trône, en adressant la parole à sa Sainteté, s'exprima ainsi: *Ce second Pepin successeur des vertus de ses ancêtres, issus de la race du grand Clovis, bien informé, etc., etc.* Le Pape Zacharie répondit à ce discours. *Que pour ne pas interrompre l'ordre de la succession Royale, les Français devaient élever Pepin sur le trône.* Les Français, dit Ademar, Moine de St Cibar d'Angoulême, *pour ne pas troubler l'ordre de la succession Royale, installèrent Pepin qui était Prince du Sang Royal de France.* Pierre le Bibliothécaire affirme *Que Pepin était de la race des Mérovingiens.* Les Annales de France et celles de Saint-Bertin rappportent que Pepin fut élevé sur le trône, selon la coutume des Français, qui est de ne couronner que des Princes de la Maison Royale de France du côté des mâles, sont en concordance avec Paul Diacre, Chancelier de Didier Roi des Lombards, auteur de l'éloge de St-Arnould, qui dit : *qu'il était éclairé non seulement de la sainteté de sa vie mais aussi de la splendeur de sa race, laquelle il tirait de la très-noble Maison de France.*

A ce nouveau genre de preuves, si l'on réunit le poids d'autres preuves diplomatiques, monumentales, traditionnelles, historiques accumulées depuis des siècles sur ce point généalogique ; alors le doute et le problème se précipitent dans le néant de l'incrédulité.

En résumant ces grands et pompeux témoignages qui depuis tant de siècles parlent si affirmativement, si éloquemment.

1.º La force et l'influence de la coutume des Francs et de la Loi Salique.

2.º La constante sollicitude de la Nation Française à encous erver l'esprit...

3.º Son opiniâtreté à en garder l'exécution.

4.º L'aveu solennel des Ordres de l'Etat et du Peuple Salique, en faveur de l'élévation de Pepin et de Hugues Capet au trône de Pharamond.

5.º La tranquillité merveilleuse qui accompagna cette élévation.

6.º La compatibilité d'existence des Maisons Carliennes et Capetiennes et de la Postérité d'Aribert, Roi d'Aquitaine.

7.º L'étonnant silence de cette Postérité sur son droit éminent au trône, si Pepin et Hugues Capet ne sont pas du sang Mérovingien.

8.º Le délaissement étrange qu'elle éprouve de la part des Potentats de l'Europe.

9.º L'adoption du Duc Arnoald fils d'Ansbert, proposée par Gontran, Roi d'Orléans, son oncle.

10.º L'adoption de Childebert, fils de Grimoald, par son oncle Sigibert III, Roi d'Austrasie.

11.º La qualification de Prince des Français, portée par Saint-Arnould et sa descendance, à l'exclusion de tous les autres Maires du Palais.

12.º La déclaration solennelle de Pepin, énonçant qu'il est du sang du Grand Clovis.

13.º La créance du Parlement de Soissons sur l'origine Mérovingienne de Pepin, transmise par l'ambassade de cette assemblée, au Pape Zacharie.

14.º La réponse affirmative du Pape Zacharie.

15.º La clémence de Charlemagne envers la Famille du Duc d'Aquitaine, tombée en son pouvoir.

16.º Sa magnanimité inouie, impolitique, si le vainqueur n'était pas du sang du vaincu.

Ce cortège majestueux de faits historiques et certains environne donc de son éclat, l'unité d'origine de nos Rois et la proclame. La nature et l'authenticité de ces preuves imposantes et lumineuses, leur connexité intime et active avec la coutume, les lois, les mœurs et les gestes antiques de la Nation Française démontrent l'unité de Dynastie. Il faudrait abjurer l'évidence ; il faudrait pouvoir nier la lumière, pour nier le triomphe de cette vérité illustre.

1.° Cet aveu ou formalité de la part de la Nation Salique est d'un poids immense pour justifier que ces deux Princes ont été reconnus pour être du sang Royal des Francs ; mais cet aveu ou consentement des Ordres de l'Etat et du Peuple Salique, est dénué de virtualité, par rapport au droit patrimonial de Pepin et de Hugues Capet à la Couronne.

2.° En s'avançant vers le trône, Pepin était muni de sa naissance Royale, appuyée des deux adoptions des Rois Gontran et Sigibert III. Hugues Capet portait en main le testament de Louis V qui l'instituait Roi de France.

3.° L'auteur de la vie de Saint-Arnould, son contemporain, Jonas, Abbé de Luxeul, dit du Prince Ferréolus, père du Duc Ansbert, qu'il était de très-haute et illustre naissance et de la race des Français. Il avait, selon le savant père Adrien Jourdan, épousé en premières noces Industrie, fille du Grand Clovis, et en secondes noces, Etherie Sydoine, fille de Sydonius. Il assista, dit Sainte-Marthe, le Prince Thierry, son beau frère, à la conquête de l'Auvergne et de l'Albigeois. Le même Père Jourdan ajoute, que ce Prince avait pour père Sygilmer fils de Clodion, Roi de France, et pour mère Archotamie, fille de Tonancius Ferreolus, Préfet du Prétoire des Gaules ; raison pour laquelle le fils de Sygilmer reçut le nom de son Ayeul maternel, surnommé Ferreolus ; or Pepin d'Heristel, Duc et Prince des Français, père de Charles Martel et de Childebrand, auteur des deux Branches Carliennes et Capétiennes, avait pour quartayeul le Prince Ferreolus, fils de Sygilmer, et petit fils du Roi Clodion, et pour quartayeule Archotamie fille de Tonnance Ferreol, race Gauloise très-illustre, qui possédait dès 400, la charge de Préfet du Prétoire des Gaules.

MM. de Sainte-Marthe auteurs de la savante Généalogie de la maison de France, se sont mépris sur la filiation du Prince Ferreolus, issu en ligne masculine du Roi Clodion son Ayeul. MM. de Sainte-Marthe donnent au Prince Ferreolus, père d'Ansbert, l'extraction masculine des Tonnances, tandis que ce Prince n'a de cette Maison Gauloise que l'extraction féminine par Archotamie sa mère, épouse de Sygilmer son père : c'est ce qu'a fait voir le père Jourdan dans son Histoire de la Maison Mérovingienne.

Wassebourg, Rosières, Jacques Corbin rédacteur du Code Louis XIII, Claude de Rubis, etc. ont soutenu que le Duc Ansbert était Marquis du Saint-Empire, Duc de Mozellane et d'Austrasie, qu'il avait pour père Waubert Duc de la France orientale, et pour ayeul Albéric ou Auberon, fils de Clodion-le-Chevelu, Roi de France. Le tems et des recherches nous découvriront les véritables dégrés de génération, qui font la jonction du Duc Ansbert avec le tronc Royal des Francs. En attendant cette découverte, nous avons par la déposition de faits irréfragables, la certitude de l'identité de sang de la Famille de nos Rois. Or la noble Dynastie des Bourbons descend par une filiation masculine et certaine, de cet illustre Duc et Sénateur Ansbert, fils du Prince Ferreolus. Louis XVIII, Roi de France est avec ce Prince au trente-neuvième dégré de génération.

4.° Pepin-le-Bref, dit S. Dupleix, se glorifiait d'être descendu de la lignée d'Hector, dit de Jambart, frère puiné de Marcomir et de Dagobert, tous trois fils de Clogion III, Roi des Francs. Ce fut ce Clogion qui vengea à Cambrai, dans le sang des Romains, l'horrible massacre qu'ils avaient fait du Roi Théodomir son père, et de la Reine Hastile sa mère.

5.° J. C. de Bevy, prêtre Bénéd. D. L. C. de Saint-Maur, savant antiquaire, auteur d'un ouvrage sur l'unique origine des Rois de France, rapporte que le Vandalisme révolutionnaire, a détruit dans l'église de St-Arnould de Metz, une châsse d'argent faite en 1167, dans laquelle le corps de ce Saint était enfermé. Sur le chapiteau de cette châsse, on voyait gravés les noms et les portraits des Rois Mérovingiens, ancêtres de Saint-Arnould. Son père le Duc Arnoald, dit Buggise, avait pour mère Blitilde de France, fille du Roi Clotaire I.er

6.° Il n'est pas inutile de remarquer en généalogie, que le nom d'Ansbert ou d'Anzelbert appartient par consonnance à la famille Mérovingienne. C'est le même dialecte Germanique qui a modifié la terminaison du nom de plusieurs Dagoberts, Ariberts, Chereberts, Cariberts, Richimers, Sygilmers, Woberts, Theodeberts, Theodemers, Marcomers, Auzelberts, Sigeberts, Sigiberts, etc.

7.° L'auteur de la vie de Saint-Jacques-l'Hermite, en parlant de Robert-le-Fort, dit: *Et Regum genere ortus erat.* Un autre auteur de la vie de St-Genoul, mentionnant le mariage de Robert I.er, selon MM. de Sainte-Marthe, père de Robert-le-Fort avec Agane, dit: *Qui Robertus ad suæ nobilitatis excellentiam regalis etiam stemmatis per sororem adeptus erat consortio quam idem Dominus Pipinus uxorem duxit.*

8.° Ce ne fut qu'après le refus du Duc Arnoald, que Gontran adopta Childebert Roi d'Austrasie. Or, si Arnoald n'avait pas été du sang Royal, Gontran aurait-il préféré un étranger, son neveu en ligne maternelle, à Childebert son neveu en ligne paternelle? En l'adoptant il lui dit: « Qu'un même bouclier nous couvre, qu'une même « lance nous défende. »

L'adoption de Childebert, fils de Grimoald eut lieu avant la naissance de Dagobert, fils de Sigibert III Roi d'Austrasie, et de Fredberge sa femme, fille de Pepin I.er Le fils adoptif fut la victime de son ambition, pour avoir usurpé après la mort de Sigibert, les droits de son fils légitime.

9.° Le Fondateur du Monastère d'Ahalon, Diocèse d'Urgel-Wandresigile, Comte des Marches de Gascogne, descendait d'Aribert Roi de Toulouse, et l'avait pour trisayeul paternel. Il était petit fils du fameux Eudes et de la Princesse Valtrude, du sang Royal de Charles-le-Chauve. Le diplôme de cet Empereur qui confirma en 845 la fondation d'Ahalon, renferme ces paroles remarquables; *Quod præclarus quondam Wandregisilus comes, consanguineus noster ac homo ligius, quem genitor noster, super Vasconiam limitaneam constituit.* Or je laisse à décider si le mot *Consanguineus* n'exprime pas parenté agnatique et cognatique.

A Vire, chez ADAM, Imprimeur-Libraire, an 1817.

www.ingramcontent.com/pod-product-compliance
Lightning Source LLC
Chambersburg PA
CBHW060555050426
42451CB00011B/1917